Lotta Campo

La magie de l'intention.

Chapitre 1

Introduction.

La magie, c'est quoi ?

La magie est une pratique très ancienne. On utilise des gestes, des mots, des objets et des intentions pour influencer le monde qui nous entoure. C'est une forme de magie qui se concentre sur la création et l'exécution de rituels précis. La magie est pratiquée pour atteindre des objectifs particuliers, tels que la protection, l'abondance, l'amour, la santé, etc.

Les rituels ont été pratiqués à travers l'histoire et le sont toujours dans beaucoup de cultures. Ils varient en fonction des traditions, des croyances, etc. L'essence de la magie réside dans la manipulation consciente de l'énergie et des forces spirituelles. Elle peut nous aider à provoquer un changement désiré dans la réalité.

La magie repose sur plusieurs principes fondamentaux. Tout d'abord, il y a l'intention, qui est l'élément-clé de tous les rituels. L'intention est le désir profond de réaliser un objectif précis. Elle donne la direction et la puissance à la magie. Puis, il y a la visualisation, qui consiste à créer une image mentale claire et vivante de l'objectif souhaité. La visualisation aide à renforcer l'intention et à attirer les énergies nécessaires pour manifester ce que l'on désire.

Les rituels impliquent également l'utilisation de bougies, d'encens, de cristaux, de pierres, d'herbes, etc. D'autres objets sont souvent utilisés pour canaliser l'énergie. Ils peuvent représenter des éléments ou des intentions précises. Ces éléments sont là pour créer une atmosphère favorable à la magie. Les mots et les incantations sont également utilisés pour invoquer des puissances supérieures. En fonction de vos croyances, vous pouvez faire appel aux forces de l'univers, mais aussi à des anges ou des divinités. Les affirmations positives sont utilisées pour renforcer la connexion avec les forces spirituelles.

La pratique de la magie demande souvent une préparation personnelle, qui peut inclure de la méditation et de la purification. Il est important que vous soyez dans un état d'esprit calme et concentré afin d'établir une connexion avec votre intuition et votre spiritualité. La magie ne doit pas être considérée comme une solution miracle. Elle ne doit pas être utilisée à des fins de vengeance ou de manipulation irresponsable. C'est un outil puissant pour vous aider à vous connecter avec votre potentiel créatif. Vous pourrez manifester vos intentions et travailler en harmonie avec l'univers. Pratiquer la magie demande de la patience et le respect des lois universelles.

Avec la magie, il est essentiel de trouver une résonance avec vos propres croyances personnelles et votre propre cheminement spirituel. Vous pouvez vous aider des anciennes traditions. Il est tout de même important d'adapter les rituels en fonction de votre propre compréhension.

Avec une pratique régulière, la magie peut devenir pour vous une source de transformation personnelle. La magie vous aidera à vous connecter avec le monde mystique qui vous entoure.

Les principes essentiels pour pratiquer la magie.

Les principes essentiels de la magie reposent sur la pratique et la compréhension de celle-ci. Ces principes peuvent varier légèrement selon les traditions et les croyances. Voici une liste de quelques principes couramment utilisés dans la magie.

L'intention :

L'élément-clé de tout acte magique. C'est la volonté et la focalisation consciente de réaliser un objectif précis. Une intention claire et alignée est essentielle pour diriger l'énergie vers ce que l'on souhaite.

La croyance :

Croire en la magie, en sa capacité à influencer la réalité est un aspect important. Il est également essentiel d'avoir confiance en sa propre capacité à réaliser des changements. Il faut également travailler en harmonie avec l'univers. La croyance renforce l'énergie et crée un état d'esprit favorable à la manifestation.

L'énergie :

La magie et l'énergie travaillent toujours ensemble. Tout dans l'univers est énergie. La magie cherche à utiliser cette énergie pour créer ces changements. À force de pratiquer, le mage apprend à ressentir et à contrôler l'énergie pour atteindre ses objectifs.

La correspondance :

La correspondance est l'essence du rituel. Des éléments similaires sont régulièrement utilisés pour influencer ou représenter d'autres éléments. Comme les couleurs, les pierres, les symboles, les herbes, etc. Ils sont souvent associés à des intentions précises. On les utilise dans les rituels pour amplifier l'énergie recherchée.

La synchronicité :

La synchronicité est l'idée que des événements souvent liés se produisent simultanément. Il faut rester attentif aux signes et aux connexions avec l'univers. La magie utilise la synchronicité pour attirer des opportunités qui soutiennent les objectifs.

L'action :

La magie ne consiste pas simplement à demander et à attendre sans rien faire, elle nécessite également une action concrète. Les rituels sont souvent accompagnés d'actions symboliques, mais aussi de réalisations qui renforcent l'intention et créent un engagement pour l'objectif souhaité.

L'harmonie :

La magie travaille en harmonie avec les lois de l'univers. Cela implique de respecter les équilibres naturels. Il faut prendre en compte les conséquences de ses actes dans la manipulation de l'énergie. L'harmonie avec les forces supérieures et l'intégrité personnelle sont essentielles dans la magie.

Il est important de noter que ces principes ne sont pas rigides. Ils peuvent être interprétés et adaptés en fonction des croyances individuelles. Les principes essentiels de la magie servent de guide pour mieux comprendre et pratiquer cette discipline. La véritable exploration et connaissance de la magie se font à travers une expérience personnelle et une pratique régulière.

La préparation personnelle avant de réaliser des rituels.

Avant de réaliser des rituels, il est important de se préparer personnellement et mentalement. Avoir un état d'esprit idéal pour la magie est primordial. Vous pouvez faire une purification et vous concentrer mentalement pour avoir une intention claire.

Voici quelques éléments dont il faudra tenir compte au moment de préparer les rituels :

Avant de commencer, prenez votre temps pour réfléchir à l'objectif que vous souhaitez. Il est essentiel d'avoir une intention claire et définie. Cela guidera votre travail à travers le rituel.

Choisissez un moment qui vous semble idéal pour pratiquer la magie. Cela peut être une journée particulière, un moment de pleine lune ou une heure spéciale. Respectez vos croyances et utilisez le moment qui résonne en vous.

Aménagez-vous un espace dans lequel vous vous sentez à l'aise. Un endroit où vous êtes en connexion avec les énergies positives. Cet espace sera votre jardin secret, votre endroit à vous où personne ne viendra vous déranger.

Avant chaque rituel, nettoyez physiquement l'espace et décorez-le avec des éléments qui résonnent avec vous.

Vous pouvez incorporer des bougies, des cristaux, des pierres, etc. Ce qui compte, c'est qu'il soit en accord avec votre intention.

Avant de pratiquer le rituel, il est important de commencer par une purification personnelle. En prenant un bâton de sauge ou un bâton de Palo Santo. Après avoir allumé le bâton, prenez un bain rituel. Vous pouvez utiliser de l'encens purificateur tel que le benjoin si vous n'avez pas de sauge. Vous pouvez également pratiquer une méditation de nettoyage énergétique. Récitez des affirmations de purification. L'objectif est de libérer les énergies négatives afin de recevoir les énergies positives.

Centrez-vous et concentrez-vous sur votre esprit. Prenez le temps de vous détendre afin de trouver le calme. Vous pouvez pratiquer la méditation avec de la musique relaxante. Si vous connaissez d'autres techniques, utilisez-les pour vous aider à vous concentrer sur votre intention. Soyez dans un état d'esprit réceptif pour recevoir les bienfaits de la magie.

Identifiez les outils ou les objets dont vous aurez besoin. Cela peut inclure des bougies, des encens, des cristaux, des pierres, des herbes, des symboles, etc. Assurez-vous d'avoir tout ce dont vous avez besoin à portée de main avant de démarrer. Une fois le rituel commencé, vous ne pourrez plus aller chercher un objet, par exemple, dans une autre pièce.

Écoutez votre voix intérieure. Faites confiance à ce que vous ressentez. N'hésitez pas à ajuster votre approche en fonction de ce qui vous semble juste et authentique.

Si vous pratiquez une tradition particulière, assurez-vous de respecter les protocoles et les rituels établis. Si vous créez votre propre rituel, assurez-vous d'incorporer des éléments qui ont une signification personnelle pour vous.

Être bien préparé est essentiel pour établir une connexion avec la magie. Une bonne préparation vous mettra dans un état d'esprit réceptif aux énergies de l'univers. En accordant une attention particulière à ces aspects, vous pouvez créer un espace idéal pour la magie. Tout cela vous permettra de vous engager pleinement dans votre rituel.

Conduite et responsabilité à avoir dans la pratique de la magie.

Avoir une bonne conduite et être responsable est indispensable lorsque l'on pratique la magie. Travailler avec des forces et des énergies peut avoir un impact sur soi-même et sur les autres. Il est important de respecter plusieurs choses.

En pratiquant la magie, il est essentiel de respecter le libre arbitre des autres personnes. Vous ne devez pas manipuler ou forcer les volontés des autres à travers des rituels. Chacun a le droit de prendre ses propres décisions et de suivre son propre chemin.

Vous ne devez nuire à personne. Vous ne devez pas causer de préjudice intentionnel aux autres. La magie doit être utilisée uniquement pour le bien-être et le développement personnel.

Il est important d'agir avec intégrité dans la magie. Cela implique d'être honnête avec soi-même et avec les autres. Vous devez assumer la responsabilité de vos actes. Vous devez agir de manière alignée avec vos valeurs.

Lorsque vous pratiquez la magie pour ou avec d'autres personnes, il est essentiel d'obtenir leur consentement. Veillez à informer les personnes impliquées sur le but, les conséquences possibles et les limites du rituel.

La magie est un outil puissant. Il est important de l'utiliser de manière responsable. Cela implique de ne pas s'engager dans des pratiques dangereuses. Vous devez respecter les lois de l'univers. Vous devez également faire preuve de discernement dans l'utilisation de vos compétences en magie.

La magie est souvent liée à une connexion avec la nature. Il est important d'agir de manière respectueuse envers l'environnement. Ne pas causer de dommages à la terre, aux animaux ou aux ressources naturelles.

Dans certaines traditions, la discrétion est considérée comme une valeur importante. Respectez la vie privée des autres. N'exposez

pas vos pratiques ou celles des autres sans leur consentement.
Restez discret.

Rappelez-vous que chacun a ses propres croyances, pratiques et
limites. Respectez la diversité des approches magiques. N'imposez
pas vos propres croyances à autrui.

En pratiquant la magie avec responsabilité, vous contribuez à créer
un environnement respectueux. Mais aussi harmonieux et
bénéfique pour vous-même et l'univers tout entier.

N'oubliez pas que la magie doit être entreprise avec précaution et
responsabilité. Veillez à respecter les lois de l'univers et à agir de
manière responsable.

Les bienfaits de la pratique régulière des rituels.

La pratique régulière de ces rituels et de ces affirmations va vous offrir de nombreux bienfaits :

Elle renforcera la connexion avec votre essence spirituelle (le moi intérieur). Rentrer en contact avec des dimensions de votre être. Ces pratiques vous aideront à cultiver une relation profonde avec votre spiritualité et à nourrir votre corps.

Cela vous aidera à vous centrer et à vous concentrer dans le moment présent. En pratiquant chaque jour, vous allez apprendre à vous détacher des problèmes du quotidien. Vous allez créer un espace de calme où vous pourrez vous recentrer dès que vous en aurez besoin.

La pratique vous aidera à clarifier vos demandes. Elle vous aidera aussi à vous concentrer et à vous ancrer sur vos objectifs. À identifier ce qui est vraiment important pour vous afin de canaliser votre énergie vers la concrétisation de vos espérances.

Les rituels ont le pouvoir d'encourager la guérison émotionnelle, mentale et spirituelle. La pratique quotidienne vous aidera à libérer les émotions et les énergies négatives, à vaincre les obstacles et à vous transformer, vous aidant ainsi à être plus aligné avec vous-même.

En pratiquant régulièrement, vous apprendrez à renforcer votre estime de vous-même et à vous connecter à vos vraies valeurs. Vous apprendrez également à équilibrer votre énergie et à harmoniser vos chakras. Vous pourrez enfin libérer les blocages énergétiques, augmenter votre vitalité et favoriser une circulation fluide de l'énergie vitale de votre âme.

Un sentiment de paix intérieure et de bien-être vous envahira au fil de la pratique. Elle vous aidera à créer un espace sacré où vous pourrez venir vous ressourcer et vous reconnecter avec le divin qui est en vous.

Les rituels cités dans ce livre sont des exemples. N'hésitez pas à écouter votre intuition et votre ressenti. Vous pouvez également les adapter en fonction de vos croyances et de vos besoins personnels.

14

Bonne pratique !

Que la magie vous accompagne chaque jour dans votre cheminement !

Chapitre 2

Les rituels de protection.

Un rituel de protection aide à renforcer et à sécuriser votre énergie. Cela renforcera aussi votre aura et votre espace personnel. Nous allons commencer avec de petits rituels faciles à réaliser.

Purification.

Allumez un encens de benjoin, par exemple. Prenez quelques inspirations avant de commencer. Dès que vous êtes prêt(e), imaginez-vous purifier physiquement et énergétiquement. Prenez un bain ou une douche rituelle en passant la fumée autour de vous. Visualisez la fumée qui vous nettoie de toutes les énergies négatives. Imaginez-vous entouré(e) d'une lumière blanche protectrice. Restez ainsi pendant quelques minutes. Puis éteignez l'encens et remerciez les forces de l'univers qui vous ont accompagné pendant ce rituel.

Création d'un bouclier de protection.

Si vous le souhaitez, vous pouvez allumer une bougie blanche et un encens de protection de votre choix. Visualisez un bouclier énergétique qui vous entoure. Imaginez ce bouclier vous protéger de toutes les énergies négatives. Imaginez-le solide et impénétrable, agissant comme une barrière contre les influences négatives. Une fois le rituel terminé, remerciez les éléments qui vous ont accompagné. Éteignez la bougie et l'encens si vous en avez utilisé.

Invocation des forces protectrices.

Allumez un encens de santal et une bougie blanche. Prenez quelques instants pour vous détendre. Centrez-vous sur votre objectif. Lorsque vous êtes prêt(e), invoquez les forces ou les entités protectrices de votre choix. Vous pouvez faire appel à l'univers, des anges, des guides spirituels ou des divinités. Demandez-leur de vous entourer de leur amour et de leur protection bienveillante. Une fois le rituel terminé, remerciez les forces, les anges ou les guides spirituels qui vous ont accompagné. Éteignez la bougie et l'encens.

Protection avec les symboles.

Pour le rituel des symboles, vous pouvez utiliser des talismans de protection. Cela peut être des pentacles, des runes de protection ou des amulettes. Portez-les sur vous ou placez-les dans votre environnement pour renforcer votre intention de protection.

Affirmations protectrices.

Récitez des affirmations de protection en utilisant des phrases positives et puissantes.

Par exemple, dites :

"Je suis entouré(e) d'une lumière blanche protectrice. Elle repousse toutes les énergies néfastes ou Je suis en sécurité et protégé(e) à chaque instant."

Vous pouvez personnaliser ces rituels en fonction de vos croyances et de vos préférences personnelles. Écoutez toujours votre intuition et adaptez-les en fonction de ce qui résonne le mieux avec vous.

17

Vous pouvez répéter ces rituels une fois par semaine, par exemple, pour conserver et renforcer votre protection.

Se protéger avec l'aide des bougies.

Ce rituel de protection avec les bougies est une cérémonie sacrée. Elles symbolisent la lumière ainsi que les forces spirituelles qui vous protègent. C'est également un purificateur pour votre environnement. Ce rituel va repousser les énergies négatives en créant un espace de paix, de sécurité et de bienveillance.

Matériel nécessaire :

Une bougie blanche qui représente la pureté et la protection.

Une bougie noire qui représente l'absorption des énergies négatives.

Une bougie bleue qui représente la tranquillité et la paix.

Une bougie rouge qui représente la force et l'énergie.

Un encens de protection tel que le benjoin, la sauge blanche, le santal ou la myrrhe.

Des allumettes ou un briquet.

Un bol d'eau.

Étapes du rituel :

Choisissez un endroit calme où personne ne viendra vous déranger. Nettoyez et purifiez votre espace en allumant l'encens de benjoin ou celui de votre choix.

Placez les bougies devant vous, dans l'ordre suivant :

La bougie blanche à gauche, la bougie noire à gauche de la bougie blanche, la bougie bleue à droite de la bougie blanche et la bougie rouge à droite.

Prenez quelques minutes pour vous concentrer et vous centrer.
Respirez profondément en faisant 5 inspirations et 5 expirations.

Allumez la bougie blanche et dites :

"Je demande la protection divine et la lumière pure pour me guider
et me protéger chaque jour."

Allumez la bougie noire et dites :

"Que cette bougie absorbe et dissipe toutes les énergies négatives
qui pourraient me nuire en les faisant disparaître."

Allumez la bougie bleue et dites :

"Je demande la tranquillité et la paix pour mon esprit, mon cœur et
mon être tout entier."

Allumez la bougie rouge et dites :

"Que cette bougie m'apporte la force et l'énergie nécessaires pour
faire face aux défis qui se présentent à moi."

Regardez les flammes des bougies et visualisez en imaginant une
bulle de lumière blanche protectrice. Voyez cette bulle vous
entourer en empêchant les énergies négatives de rentrer.

Ressentez sa chaleur et sa puissance.

Prenez le bol d'eau dans vos mains. Visualisez l'eau qui se charge
d'énergie protectrice. Ressentez cette énergie pénétrer en vous.

Faites une affirmation de protection, en disant :

"Je suis entouré(e) d'une lumière blanche qui me protège. Cette
lumière repousse toutes les énergies négatives. Je suis en sécurité et
protégé(e) à tout instant."

Laissez les bougies brûler en toute sécurité loin du courant d'air
pour éviter les incendies. Vous pouvez les éteindre en commençant
par la bougie rouge et en terminant par la bougie blanche.

Finissez le rituel avec cette affirmation de protection :

"Je suis reconnaissant(e) pour cette lumière blanche qui m'entoure et me protège chaque jour."

"Que cela soit ainsi."

Vous pouvez répéter ce rituel une fois par semaine pour maintenir votre protection personnelle.

Pratiquez toujours la magie avec responsabilité et respect.

"Je suis reconnaissant(e) pour cette lumière blanche qui m'entoure et me protège chaque jour."

"Que cela soit ainsi."

Se protéger avec l'aide de cristaux et de pierres.

Ce rituel va vous aider à utiliser les propriétés énergétiques des cristaux et des pierres. Vous allez apprendre à former un bouclier de protection autour de vous, à élever vos vibrations en repoussant les énergies négatives, et à créer un espace sûr et harmonieux pour votre bien-être et votre équilibre énergétique.

Matériel nécessaire :

Une bougie blanche.

Un cristal de quartz clair ou un cristal de roche, qui représente la pureté et l'amplification des énergies.

Une pierre de tourmaline noire, un œil du tigre ou un œil de taureau, qui représente l'absorption des énergies négatives.

Une pierre d'améthyste ou un quartz fumé, qui représente la spiritualité et la protection.

Un encens de protection tel que le benjoin, la sauge blanche ou le Palo Santo.

Des allumettes ou un briquet.

Un bol d'eau.

Un morceau de tissu noir.

Un sac en tissu noir.

Étapes du rituel :

Nettoyez et purifiez votre lieu de rituel en allumant la bougie.

Placez les cristaux et les pierres devant vous, dans l'ordre suivant : le quartz clair ou le cristal de roche à gauche, la tourmaline noire ou la pierre de votre choix à droite du quartz clair ou du cristal de roche, et l'améthyste ou la pierre de votre choix à droite du quartz clair ou du cristal de roche que vous aurez choisi avant de commencer le rituel.

Allumez l'encens de protection de votre choix. Prenez quelques minutes pour vous concentrer et vous centrer en respirant et en expirant. Prenez 5 inspirations et 5 expirations profondes.

Maintenant, prenez le quartz clair ou le cristal de roche dans vos mains. Visualisez une lumière blanche pure provenant de lui. Ressentez toute cette énergie de pureté et d'amplification.

Ensuite, prenez la tourmaline noire ou la pierre de votre choix dans vos mains. Visualisez-la absorbant toutes les énergies négatives et les transformant en énergies positives et protectrices.

Prenez l'améthyste ou une autre pierre de votre choix dans vos mains. Visualisez une aura de lumière qui vous enveloppe. Imaginez-là vous protégeant des influences négatives tout en renforçant votre connexion spirituelle.

Placez les cristaux et les pierres dans le bol d'eau pour les purifier. Laissez-les se recharger pendant quelques minutes. Pendant que vous faites cela, vous pouvez dire une prière de purification si vous en avez une.

Retirez les cristaux et les pierres de l'eau. Laissez-les sécher naturellement ou séchez-les délicatement avec un chiffon doux et propre.

Enveloppez les cristaux et les pierres dans le morceau de tissu noir. Placez-les dans le sac. Assurez-vous de bien replier les bords du tissu pour que les cristaux et les pierres restent en sécurité.

Tenez le sac contenant les cristaux dans vos mains. Concentrez-vous sur votre désir de protection. Visualisez-vous entouré(e) d'une bulle de lumière blanche et d'énergie protectrice.

Faites une affirmation de protection, et dites :

"Je suis entouré(e) d'une protection puissante et bienveillante. Je suis en sécurité et protégé(e) à tout instant."

Remerciez les forces protectrices auxquelles vous avez fait appel.
Visualisez votre sac contenant les cristaux et les pierres vous
protégeant. Demandez que cette protection vous accompagne tout
au long de votre journée ou de votre nuit.

Placez le sac contenant les cristaux et les pierres dans un endroit où
il ne sera pas dérangé.

Vous pouvez également le placer sous votre oreiller, le garder dans
votre sac à main ou dans votre voiture, ou le mettre dans votre
poche en tant que talisman de protection.

Vous pouvez répéter ce rituel une fois par semaine ou chaque fois
que vous ressentez le besoin de renforcer votre protection.
Rappelez-vous toujours de pratiquer la magie avec responsabilité et
de respecter les lois de l'univers.

L'amulette de protection pour le quotidien.

Matériel nécessaire :

Une bougie blanche.

Un encens ou un bâton de Palo Santo.

Un petit sac en tissu noir.

Une pierre de tourmaline noire, obsidienne ou œil-de-tigre.

Quelques herbes comme la sauge, le romarin ou la menthe.

Un petit morceau de papier et un stylo noir.

Un ruban noir.

Étapes du rituel :

Commencez par préparer votre espace en le nettoyant. Pour cela, allumez une bougie blanche et un encens (ou le bâton) de Palo Santo.

Dès que vous vous sentez prêt(e), prenez le petit sac et tenez-le dans vos mains. Fermez les yeux et concentrez-vous sur votre objectif de créer une amulette de protection.

Prenez la pierre et tenez-la dans vos mains. Visualisez et voyez une lumière blanche et protectrice qui entoure cette pierre. Ressentez toute son énergie de sécurité et de protection.

Placez la pierre dans le sac en tissu. Ajoutez les herbes de votre choix. Visualisez une barrière agissant contre les énergies négatives.

Sur le morceau de papier, écrivez une intention de protection. Par exemple :

"Cette amulette me protège des influences négatives et m'entoure d'énergies positives."

24

Pliez le morceau de papier et placez-le dans le sac.

Fermez le sac en tissu et attachez-le avec le ruban. Pendant que vous faites cela, visualisez que le sac est scellé et que rien de négatif ne peut pénétrer à l'intérieur.

Tenez l'amulette dans vos mains et concentrez-vous sur votre désir de protection. Visualisez-vous entouré(e) d'une lumière protectrice et ressentez cette énergie vous envelopper complètement.

Une fois le rituel terminé, remerciez les forces de l'univers, les anges ou les divinités auxquelles vous avez fait appel, visualisez votre amulette de protection. Remerciez également la bougie, l'encens et les pierres de vous avoir accompagné pendant ce rituel. Demandez aux forces de l'univers que cette protection vous accompagne tout au long de votre journée.

Vous pouvez porter l'amulette sur vous, en la mettant dans votre poche ou en l'accrochant à une corde. Vous pouvez également la garder tout simplement dans votre sac à main. Assurez-vous de l'avoir près de vous pour bénéficier de sa protection pendant la journée.

Vous pouvez renforcer l'énergie de votre amulette en la rechargeant une fois par semaine. Placez-la à la lumière du soleil pendant quelques heures ou laissez-la reposer sur un morceau d'améthyste pendant toute la nuit.

Cette amulette de protection vous accompagnera dans votre quotidien. Elle vous aidera à vous sentir en sécurité et protégé(e) des énergies néfastes.

Apprenez la visualisation et renforcer votre protection.

Cette technique de visualisation va vous permettre de créer des images mentales positives et protectrices. Elle renforcera votre champ énergétique ainsi que votre aura. Elle vous enveloppera d'une armure invisible qui vous préservera des énergies négatives et des influences indésirables.

Matériel nécessaire :

Une bougie blanche.

Un encens de basilic.

Un endroit calme et paisible.

Étapes du rituel :

Choisissez un endroit où vous vous sentez à l'aise et en sécurité. Asseyez-vous devant votre lieu de rituel.

Allumez la bougie blanche et l'encens pour créer une ambiance bénéfique à la relaxation et à la concentration.

Fermez les yeux et prenez quelques minutes pour vous détendre.

Faites 5 inspirations et 5 expirations profondes.

Laissez aller toutes les tensions de votre corps et calmez votre esprit.

Visualisez-vous en imaginant être entouré(e) d'une lumière blanche et lumineuse. Imaginez que cette lumière représente une barrière protectrice qui vous entoure entièrement de la tête aux pieds. Voyez cette barrière de lumière très solide, impénétrable et remplie d'énergie positive.

En vous concentrant sur cette lumière, répétez mentalement ou à voix basse une affirmation de protection.

Vous pouvez dire :

"je suis entouré(e) d'une lumière blanche qui me protège. Cette lumière blanche repousse toutes les énergies négatives. Je suis en sécurité et protégé(e) à tout instant."

Imaginez maintenant que cette lumière se renforce et se concentre sur les parties de votre corps qui ont besoin d'une protection supplémentaire. Comme par exemple votre cœur, votre esprit ou tout autre endroit qui a besoin de sécurité. Visualisez cette lumière blanche et imaginez qu'elle forme une armure protectrice autour de ces zones vulnérables.

Si vous avez des guides spirituels, des anges ou tout simplement les forces de l'univers, vous pouvez vous connecter à eux. Appelez-les mentalement en leur demandant de renforcer cette protection. Visualisez-les-vous entourant de leur amour et de leur énergie protectrice et bienveillante.

Restez dans cet état de visualisation aussi longtemps que vous le souhaitez, en vous imprégnant d'une sensation de paix et de sécurité. Laissez cette visualisation vous remplir d'un sentiment de confiance et de tranquillité.

Lorsque vous êtes prêt(e) à terminer le rituel, remerciez les forces protectrices auxquelles vous avez fait appel. Visualisez la barrière de lumière disparaître lentement tout en sachant qu'elle reste toujours disponible lorsque vous en avez besoin.

Remerciez également la bougie et l'encens de vous avoir accompagné pendant le rituel.

Prenez quelques minutes pour revenir à votre état de conscience habituel. Étirez-vous, ouvrez les yeux et ressentez la sensation de protection qui vous habite.

Répétez une fois par semaine ce rituel de visualisation pour renforcer votre protection. La pratique régulière de la visualisation renforce son efficacité.

Chapitre 3

Les rituels pour la santé sont des pratiques énergétiques et spirituelles. Ces pratiques visent à soutenir le bien-être physique, mental et émotionnel. Elles harmonisent les énergies, renforcent le système immunitaire et favorisent la guérison du corps et de l'esprit.

Guérison énergétique pour le corps et l'esprit.

Ce rituel vous aidera à restaurer votre équilibre et votre harmonie. Il libérera vos blocages énergétiques en nourrissant votre bien-être physique et en apaisant votre esprit. Il vous permettra ainsi une guérison et une reconnexion profonde avec votre essence divine.

Matériel nécessaire :

Une bougie blanche.

Un bâton de sauge ou de Palo Santo.

Un cristal de roche.

De l'huile essentielle de lavande ou d'eucalyptus.

De la musique relaxante.

Étapes du rituel :

Choisissez un endroit calme et préparez votre espace de rituel. Allumez la bougie blanche et le bâton de sauge ou Palo Santo pour créer une ambiance détendue.

Asseyez-vous devant votre lieu de rituel et fermez les yeux pendant quelques minutes. Prenez 5 inspirations et 5 expirations pour vous détendre et vous concentrer.

Tenez le cristal de roche dans vos mains. Imaginez une lumière blanche pure et guérisseuse qui sort du cristal. Visualisez cette lumière pénétrer votre corps. Voyez-le vous purifier en profondeur. Visualisez-le ensuite guérir chaque cellule de votre corps.

Ajoutez quelques gouttes d'huile essentielle de lavande ou d'eucalyptus dans vos paumes. Frottez vos mains l'une contre l'autre pour les réchauffer. Ensuite, passez-les délicatement sur votre corps. Commencez par la tête en descendant vers les pieds. Imaginez que l'huile essentielle vous apporte une guérison et une détente profonde à chaque partie du corps.

Reprenez le cristal de roche dans vos mains.

Récitez une affirmation et dites :

"Une énergie curative m'entoure en revitalisant mon corps. Elle apaise mon esprit. Je suis en parfaite santé et équilibré."

Restez dans cet état de détente pendant quelques minutes. Vous pouvez écouter de la musique relaxante pour favoriser la guérison et le bien-être.

Lorsque vous êtes prêt(e), remerciez le cristal de roche pour son énergie guérisseuse. Remerciez la bougie et l'encens pour leur accompagnement. Éteignez la bougie et l'encens.

Gardez le cristal sur vous la journée. Mettez-le sous votre oreiller la nuit pour continuer à bénéficier de ses propriétés curatives.

Répétez ce rituel de guérison énergétique aussi souvent que vous en avez envie. Adaptez si besoin les éléments et les affirmations. Écoutez toujours votre intuition pour guider votre pratique. Permettez à la guérison de se manifester dans votre corps et votre esprit.

Purifier et renforcer le système immunitaire.

Ce rituel va vous permettre de nettoyer et de renforcer votre corps et votre énergie vitale. Il agira comme une protection contre les maladies et vous apportera un bien-être global.

Matériel nécessaire :

Un bol d'eau.

Du sel de mer ou du sel de l'Himalaya.

Une bougie blanche.

Un bâton ou un encens de sauge ou de benjoin.

Une pierre d'améthyste ou un cristal de roche.

Des herbes de purification comme la sauge, le romarin ou la menthe.

Des allumettes ou un briquet.

De la musique méditative.

Étape du rituel :

Choisissez un endroit que vous aimez bien. Commencez par purifier votre espace de rituel avec la sauge ou le benjoin. Allumez la bougie blanche.

Remplissez le bol d'eau. Ajoutez une poignée de sel. Remuez doucement l'eau avec vos doigts en visualisant le sel dissoudre les énergies négatives. Visualisez l'eau se purifier.

Tenez la pierre d'améthyste ou le cristal de roche dans vos mains. Visualisez la lumière violette ou blanche sortir de la pierre ou du cristal. Voyez cette lumière purifier et renforcer votre système immunitaire. Ressentez l'énergie de guérison de la pierre ou du cristal qui enveloppe tout votre corps.

Prenez dans vos mains les herbes de purification. Allumez-les une à une si vous en choisissez plusieurs. Soufflez doucement sur elles pour activer leurs propriétés purifiantes. Visualisez leurs fumées enveloppant votre corps en éliminant toutes les impuretés. Puis mettez-les de côté dans un récipient résistant à la chaleur.

Placez le bol d'eau salée devant vous et placez la bougie blanche à côté. Récitez une intention de purification et de renforcement du système immunitaire.

Vous pouvez dire :

"Que cette purification renforce mon système immunitaire en éliminant toutes les énergies négatives de mon corps et de mon esprit."

Trempez vos doigts dans le bol d'eau salée et aspergez votre corps avec quelques gouttes d'eau. Visualisez et ressentez l'eau vous purifier en pénétrant tout votre être. Visualisez ces gouttes d'eau vous nettoyer tout en renforçant votre système immunitaire.

Reprenez les herbes et rallumez-les. Levez-vous et passez lentement à travers la fumée en visualisant qu'elle purifie votre aura et votre corps énergétique.

Restez dans cet état de purification et de renforcement pendant quelques minutes. Concentrez-vous sur votre respiration et ressentez l'énergie revitalisante vous envelopper.

Une fois le rituel terminé, remerciez l'univers, la bougie et tous les éléments que vous avez utilisés pour le rituel. Vous pouvez éteindre la bougie et l'encens.

Conservez la pierre ou le cristal sur vous pour bénéficier de toutes ces propriétés tout au long de la journée. Vous pouvez également le placer sous votre oreiller pendant la nuit.

Répétez ce rituel quand vous le voulez pour renforcer ces effets bénéfiques.

Adaptez les éléments et les affirmations si vous le souhaitez avec ce qui résonne le plus en vous. Écoutez toujours votre intuition pour vous guider. Permettez à la purification et à la vitalité de s'installer en vous.

Rituel de relaxation pour soulager le stress et l'anxiété.

Ce rituel de relaxation vous guidera vers un état de calme intérieur. Il libérera votre stress et votre anxiété accumulés pendant la journée. Ce rituel favorisera la détente du corps et de l'esprit. Vous retrouverez une sérénité profonde afin de cultiver un bien-être émotionnel.

Matériel nécessaire :

Un tapis ou une couverture.

Des coussins pour le soutien.

Une musique relaxante.

De l'huile essentielle de lavande ou de camomille.

Une bougie blanche.

Un diffuseur d'huile essentielle.

Étapes du rituel :

Choisissez un endroit au calme, loin des bruits extérieurs si possible. Placez votre tapis ou votre couverture.

Ajoutez les coussins de façon à soutenir votre corps. Allumez la bougie blanche pour sa lumière protectrice et bienveillante.

Diffusez l'huile essentielle dans la pièce pour créer une ambiance détendue et relaxante.

Mettez la musique que vous avez choisie avant le rituel pour vous accompagner. Choisissez des mélodies douces qui favorisent la relaxation profonde.

Asseyez-vous ou allongez-vous sur votre tapis ou votre couverture. Fermez les yeux et commencez à inspirer profondément et lentement. Puis expirez profondément et lentement. Faites-le 5 fois. Laissez aller toutes les tensions de votre corps à chaque expiration.

Visualisez un jardin où vous entendez les chants mélodieux des oiseaux. Écoutez comme leurs chants vous apaisent et vous détendent. Ou une plage tranquille. Imaginez-vous allongé(e) ou assis(e) sur cette plage. Écoutez le bruit des vagues venir sur le sable et repartir vers l'océan. Imaginez-vous dans ce lieu, entouré(e) de calme et de tranquillité.

Commencez à vous concentrer sur votre respiration et ressentez votre corps se détendre de plus en plus. À chaque inspiration, imaginez que l'air pur entre dans votre corps.

À chaque expiration, relâchez toutes les tensions et le stress de la journée.

Poursuivez et détendez progressivement chaque partie de votre corps. Commencez par vos pieds en remontant vers votre tête. Visualisez la détente et la légèreté qui se propagent à travers tout votre corps.

Laissez-vous porter par la musique. Laissez votre esprit se détendre complètement. Si des pensées ou des soucis surviennent, observez-les simplement. Puis laissez-les partir en revenant sur votre respiration.

Restez dans cet état de relaxation aussi longtemps que vous le souhaitez. Profitez de cette pause régénératrice pour recharger votre énergie et apaiser votre corps.

Dès que vous êtes prêt(e) à terminer, remerciez-vous d'avoir pris ce temps pour vous ressourcer. Remerciez la bougie et l'huile essentielle qui vous ont accompagné pendant ce rituel. Éteignez la bougie, puis éteignez l'huile essentielle. Prenez le temps de retrouver votre état de conscience habituel.

Répétez ce rituel de relaxation aussi souvent que vous le souhaitez. Vous pouvez adapter le rituel à votre résonance spirituelle. Écoutez toujours votre intuition. Laissez-vous également guider par votre ressenti et profitez des bienfaits apaisants de ce rituel.

Renouvelez et régénérez votre énergie vitale.

Ce rituel va vous permettre de vous reconnecter à votre source d'énergie intérieure. Il vous aidera à libérer les blocages énergétiques, mais aussi à restaurer votre vitalité et à renouveler votre être dans une harmonie profonde.

Matériel nécessaire :

Un bol d'eau.

Une pierre de grenat ou un quartz rutile.

Une bougie blanche.

De l'encens de myrrhe, de lavande ou de sauge.

Une musique relaxante.

Étapes du rituel :

Choisissez un endroit où vous vous sentez bien. Allumez la bougie blanche et l'encens pour purifier votre espace et créer une ambiance sereine et apaisante.

Remplissez le bol d'eau. Placez la pierre de grenat ou celle de votre choix à l'intérieur. Visualisez l'eau se charger de l'énergie régénératrice de la pierre.

Asseyez-vous devant le bol d'eau, de façon à être à l'aise et détendue. Fermez les yeux. Prenez quelques minutes pour vous recentrer et vous connecter à votre respiration. Faites 5 inspirations et 5 expirations profondes.

Visualisez une lumière blanche pure et énergisante qui descend du ciel. Elle vous enveloppe délicatement. Imaginez cette lumière blanche pénétrer votre être tout entier. Voyez-là vous nettoyer et vous libérer de toute énergie stagnante ou négative.

Plongez vos mains dans le bol d'eau. Laissez l'énergie de l'eau et de la pierre entrer dans vos paumes. Ressentez l'énergie circuler à travers vos mains et dans tout votre corps. Visualisez cette énergie régénérer chaque cellule en revitalisant votre énergie vitale.

Récitez une intention de renouvellement énergétique.

Dites :

"Je libère les vieilles énergies et j'accueille un renouveau dans ma vie. Mon énergie vitale se régénère me permettant de vivre pleinement et en harmonie."

Restez dans cet état de réceptivité pendant quelques minutes. Continuez à visualiser cette énergie pénétrer profondément. Écoutez la musique relaxante et laissez son rythme vous apaiser.

Une fois le rituel terminé, retirez vos mains du bol d'eau. Remerciez l'eau, la bougie, etc., pour leur contribution à votre renouvellement énergétique. Éteignez la bougie et l'encens. Laissez l'énergie se diffuser dans votre environnement.

Écoutez votre corps et honorez les besoins qui se présentent à vous.

Répétez ce rituel aussi souvent que vous le souhaitez. Faites toujours confiance à votre intuition. Laissez cette pratique vous revitaliser et vous permettre de briller pleinement dans votre vie.

Exprimez la gratitude et la bénédiction pour la santé.

Ce rituel est une cérémonie sacrée. Il va vous apprendre à cultiver la gratitude et à nourrir votre relation avec la santé. Vous allez exprimer votre gratitude pour la santé que vous avez déjà. Vous allez demander des bénédictions pour un avenir rempli de vitalité et d'épanouissement. Vous allez créer une connexion profonde pour un objectif positif et une vie harmonieuse.

Matériel nécessaire :

Un bol d'eau.

Une bougie blanche.

De l'encens de myrrhe.

Un morceau de papier et un stylo.

De la musique douce et apaisante.

Étapes du rituel :

Choisissez un endroit où personne ne viendra vous déranger.

Asseyez-vous devant votre espace de rituel.

Allumez la bougie blanche et l'encens de myrrhe pour créer une ambiance sacrée et apaisante.

Remplissez le bol d'eau et placez-le devant vous. Prenez quelques minutes pour vous centrer et vous connecter à votre respiration. Faites 5 inspirations et 5 expirations profondes.

Prenez ensuite le morceau de papier et le stylo. Réfléchissez à toutes les choses pour lesquelles vous êtes reconnaissant(e). Écrivez tout ce qui concerne votre santé. Notez-le sur le papier, en exprimant votre gratitude de manière sincère et honnête.

Une fois que vous avez terminé d'écrire, prenez le papier dans vos mains. Imaginez en visualisant l'énergie de gratitude s'écouler de votre cœur vers le papier. Ressentez la chaleur et la joie qui émanent de cette gratitude.

Mettez le papier au-dessus du bol d'eau. Visualisez l'énergie de l'eau le remplir de gratitude. Imaginez cette énergie sortant de l'eau, créant une bénédiction pour votre santé.

Récitez une affirmation de bénédiction, comme par exemple :

"Je suis reconnaissant(e) pour ma santé. Je bénis mon corps et mon esprit. Je les nourris avec amour et j'en prends soin. Que ma santé continue de se manifester tout au long de ma vie."

Laissez le papier au-dessus du bol d'eau pendant quelques instants. Concentrez-vous et connectez-vous à l'énergie de gratitude et de bénédiction qui s'en dégage. Sentez cette énergie se diffuser dans votre être tout entier.

Restez encore quelques minutes devant votre papier. Remerciez la gratitude et la bénédiction que vous avez accordées à votre santé.

Le rituel terminé, placez le papier dans un endroit spécial où vous pouvez le voir.

Prenez le temps d'exprimer votre gratitude à l'eau, à la bougie, à l'encens et à l'univers ou aux anges qui ont participé à ce rituel. Éteignez la bougie et l'encens, en les remerciant de vous avoir accompagné.

Profitez-en pour méditer encore quelques minutes. Ressentez la gratitude et la bénédiction qui imprègnent votre être tout entier.

Vous pouvez répéter ce rituel de gratitude et de bénédiction une fois par semaine si vous en avez besoin. Adaptez les éléments et les affirmations selon votre ressenti.

Cultivez régulièrement la gratitude envers votre santé. Permettez à cette énergie positive de vous accompagner tout au long de la vie.

Chapitre 4

Les rituels pour l'argent.

Les rituels pour l'argent sont des pratiques puissantes qui vous aideront à attirer l'abondance financière. Ils vous aideront à aligner votre énergie et vos actions avec vos aspirations matérielles.

Attirer l'argent.

Ce rituel va vous ouvrir les voies de la prospérité et de l'abondance qui sont déjà présentes en vous. Vous allez utiliser des affirmations positives, des symboles d'abondance et un alignement énergétique. Ce rituel vous aidera à attirer les opportunités financières, à manifester une relation harmonieuse avec celles-ci, mais également à élever votre vibration pour l'argent.

Matériel nécessaire :

Une bougie verte.

Une pièce de monnaie de votre choix.

De l'encens de cannelle, de patchouli ou de safran.

Un morceau de papier et un stylo vert.

Une musique propice à l'abondance financière si vous en avez besoin.

Étapes du rituel :

Choisissez un endroit calme où vous vous sentez le mieux.

Allumez la bougie verte et l'encens de cannelle ou celui de votre choix pour créer une ambiance favorable à l'abondance financière.

Prenez quelques minutes pour vous centrer et vous connecter à votre respiration. 5 inspirations puis 5 expirations profondes.

Commencez par vous visualiser en vous imaginant entouré(e) d'une lumière dorée. Elle symbolise l'énergie de l'abondance et de la prospérité.

Prenez le morceau de papier et le stylo vert. Réfléchissez à ce que vous souhaitez financièrement.

Soyez clair(e) et positif(ve) dans votre demande d'argent. Que voulez-vous attirer dans votre vie ? Vous pouvez faire une affirmation positive sur l'argent et dire :

Je suis reconnaissant(e) pour l'abondance financière qui se manifeste chaque jour dans ma vie. Je suis ouvert(e) et réceptif(ve) à toutes les opportunités et bénédictions financières qui se présentent à moi.

Placez la pièce de monnaie devant vous et placez votre main au-dessus d'elle. Récitez votre affirmation à voix haute. Visualisez l'énergie sortant de votre main se déposant sur la pièce de monnaie. Visualisez ensuite toute l'abondance et l'argent se concentrer dans la pièce de monnaie.

Allumez le bout de papier avec la flamme de la bougie. Puis laissez-le se consumer dans un récipient résistant à la chaleur. Concentrez-vous sur l'intention de libérer vos désirs financiers dans l'univers.

Soyez prudent(e) pendant cette étape pour éviter tout incendie.

Prenez la pièce de monnaie et frottez-la dans vos mains. Visualisez votre énergie se mêler à elle. Continuez à visualiser et ressentez toute l'énergie de l'abondance et de la prospérité prendre place en vous.

Placez la pièce de monnaie dans votre portefeuille ou votre porte-monnaie, en disant :

"Que cet argent attire plus d'argent et que mon abondance financière continue de grandir de plus en plus chaque jour."

Visualisez pendant quelques minutes en restant ouvert(e) et réceptif(ve) à l'abondance financière. Vous pouvez écouter une musique qui favorise l'abondance si vous en avez choisi une.

Le rituel terminé, remerciez l'univers, la bougie, l'encens, le papier, le stylo et la musique qui vous ont accompagné. Éteignez la bougie et l'encens, en laissant l'énergie d'abondance et de prospérité remplir votre espace de vie.

Répétez ce rituel une fois par mois pour amplifier l'énergie de l'abondance. Vous pouvez adapter les éléments utilisés et les affirmations à votre convenance. Restez toujours dans une attitude positive et ouverte aux opportunités financières qui se présentent à vous. Laissez l'énergie de l'abondance vous guider vers une vie financièrement plus riche.

Attirer la prospérité grâce aux plantes.

Vous allez devenir un(e) jardinier(e) et vous unir à la puissance des plantes et de l'intention de prospérité. Pour ce rituel, vous allez utiliser une plante à argent. Certaines plantes ont la réputation d'attirer l'argent grâce à leurs propriétés d'abondance. Ce rituel sacré va créer un espace fertile pour la croissance financière et matérielle. Cela va favoriser l'épanouissement et l'abondance dans tous les aspects de votre vie.

Matériel nécessaire :

Une bougie verte.

De l'encens de benjoin.

De l'encens tel que la cannelle ou le basilic.

Un lierre de Suède, une plante de jade ou un basilic sacré.

Un pot de fleurs contenant déjà du terreau.

Une pièce de monnaie de votre choix.

De la musique favorisant l'abondance et l'énergie financière.

Étapes du rituel :

Avant de commencer, choisissez une plante d'argent. Assurez-vous d'avoir un pot adapté à la plante que vous aurez choisie et du terreau fertile.

Préparez votre espace où vous allez réaliser le rituel. Créez une ambiance paisible et sereine en allumant l'encens de benjoin et la bougie verte.

Allumez un autre encens de cannelle ou de basilic pour que sa fumée se mélange à celle du benjoin.

Asseyez-vous devant la plante de votre choix, en tenant la pièce de monnaie dans votre main.

Prenez quelques instants pour vous centrer et vous connecter à votre respiration. Faites 5 inspirations et 5 expirations profondes.

Visualisez l'énergie de prospérité et d'abondance qui vous entoure. Ressentez cette énergie remplir tout votre corps.

Placez la pièce de monnaie dans le pot de fleurs. Enfoncez-la légèrement dans le terreau. Pendant que vous faites ces gestes, imaginez en visualisant que vous plantez les graines de votre prospérité financière. Puis visualisez votre abondance se manifester.

Prenez la plante d'argent et placez-la délicatement dans le pot. Recouvrez soigneusement les racines de terreau.

Ressentez toute l'énergie de prospérité de la plante fusionner avec votre propre énergie. Voyez votre plante créer une puissante association d'énergie d'abondance entre vous.

Prenez un moment pour exprimer votre objectif de prospérité. Vous pouvez dire à voix haute une affirmation positive :

"Je suis en alignement avec l'abondance financière. Ma prospérité se manifeste chaque jour de plus en plus de manière harmonieuse et croissante."

Prenez soin de votre plante en l'arrosant. Visualisez l'eau comme un symbole de purification et d'énergie positive. Ressentez cette énergie de prospérité pénétrer dans la terre et les racines en se propageant dans toute la plante.

Placez-la dans un endroit à la lumière du soleil si celle-ci le permet. Sinon, placez-la dans une pièce de la maison la plus claire où vous pourrez la voir régulièrement. Apportez-lui tout l'amour en prenant le temps de la nourrir, de l'arroser et de lui apporter les soins nécessaires. Continuez à cultiver votre intention pour la prospérité et l'abondance financière.

Lorsque vous avez terminé le rituel, remerciez l'univers, la plante, la pièce de monnaie. Remerciez aussi la bougie et l'encens qui ont participé à ce rituel. Détendez-vous avec une musique propice à la prospérité. Restez dans cet état de connexion avec l'énergie de l'abondance pendant quelques instants.

Nourrissez régulièrement votre intention de prospérité et continuez à prendre soin de votre plante. Cultivez une relation de symbiose, de croissance et d'abondance.

L'abondance financière grâce à ce charme.

Pour ce rituel, vous allez utiliser des objets et des éléments pour vous aider à manifester la prospérité financière. Il va éveiller votre pouvoir d'attraction. Vous allez apprendre à aligner vos énergies avec l'abondance et la prospérité. Ce rituel vous aidera à ouvrir les portes vers de nouvelles opportunités et une stabilité financière.

Matériel nécessaire :

Une bougie verte.

Une pierre d'ambre, une agate mousse ou une améthyste.

Une pièce de monnaie de votre choix.

Un morceau de tissu vert.

Du fil vert.

De l'encens de benjoin.

De l'encens de cannelle, de basilic ou de safran.

Étapes du rituel :

Commencez par préparer votre espace de rituel. Allumez la bougie verte, l'encens de benjoin et un encens de votre choix. Laissez leurs fumées se mélanger pour créer une ambiance harmonieuse afin de favoriser l'énergie de la prospérité et de l'abondance.

Ensuite, prenez le morceau de tissu vert. Placez la pierre et la pièce de monnaie de votre choix au centre.

Rassemblez les coins du tissu et attachez-les avec le fil pour former une bourse. Assurez-vous que les objets à l'intérieur sont bien en sécurité.

Gardez la bourse dans vos mains et visualisez l'énergie de l'abondance financière se concentrer. Ressentez toute l'énergie de prospérité et d'abondance qui se dégage de la bourse. Visualisez son énergie se connecter avec votre propre énergie.

Récitez une affirmation positive en disant par exemple :

"J'ouvre les portes de l'abondance financière. L'argent vient à moi de manière harmonieuse et facilement. Je suis béni(e) par l'abondance et la prospérité dans tous les aspects de ma vie."

Passez la bourse au-dessus de la flamme de la bougie, pas trop près pour ne pas faire brûler la bourse. Pendant que vous faites ce geste, imaginez le feu purificateur renforçant l'énergie d'abondance et de prospérité.

Faites cela avec précaution pour éviter tout risque d'incendie.

Passez ensuite la bourse à travers la fumée de l'encens de benjoin puis de l'encens que vous avez choisi en début de rituel. Laissez les fumées l'imprégner des énergies de la prospérité et de l'abondance financière.

Gardez la bourse encore quelques minutes dans vos mains. Ressentez la connexion avec l'énergie de l'abondance financière ainsi qu'avec l'énergie de la prospérité. Visualisez votre vie remplie de richesses et de succès financiers.

Une fois le rituel terminé, exprimez votre gratitude à l'univers. Remerciez la bougie, l'encens, la pierre et la pièce de monnaie pour leur contribution au rituel. Éteignez la bougie et l'encens en les remerciant de leur présence.

Placez la bourse dans un endroit sûr, comme un tiroir particulier dédié à l'abondance. Vous pouvez également la porter sur vous, la garder dans votre portefeuille ou votre porte-monnaie pour attirer la prospérité et l'abondance.

Répétez ce rituel une fois par mois pour garder cette énergie de prospérité. Il vous permettra de recharger la bourse avec votre intention d'abondance et de prospérité. Laissez l'énergie de l'abondance vous guider vers de nouvelles opportunités financières. Permettez à l'abondance de vous apporter une vie remplie de prospérité.

intention d'abondance et de prospérité. Laissez l'énergie de l'abondance vous guider vers de nouvelles opportunités financières. Permettez à l'abondance de vous apporter une vie remplie de prospérité.

Réussite professionnelle.

Ce rituel vous aidera à canaliser vos objectifs et à attirer les
énergies positives. Il vous aidera également à propulser votre
carrière vers de nouveaux sommets. Ce rituel renforcera votre
confiance en vous. Il éliminera les obstacles pour vous guider vers
la réalisation de vos objectifs professionnels. Et vous ouvrira les
portes de la réussite et de l'épanouissement dans votre domaine.

Matériel nécessaire :

Une bougie jaune.

De l'encens de benjoin.

Un morceau de papier.

Un stylo vert.

Une pierre de citrine ou une pierre de pyrite.

De l'encens de basilic, de patchouli ou de cannelle.

Une petite boîte avec un couvercle.

Étapes du rituel :

Préparez votre espace de rituel avec tout ce dont vous avez besoin.
Allumez la bougie jaune et l'encens de benjoin. Puis allumez
l'encens de basilic ou celui de votre choix. Laissez les fumées se
mélanger entre elles pour créer une ambiance paisible et sereine.
Cette fumée favorisera l'énergie de réussite et de prospérité
professionnelle.

Asseyez-vous et prenez quelques minutes pour vous concentrer et
vous centrer sur votre objectif. Respirez profondément et laissez
votre esprit se détendre en faisant 5 inspirations et 5 expirations.

Dès que vous êtes détendu(e), sur le papier, écrivez vos objectifs et aspirations professionnels. Écrivez de manière positive et au présent. Soyez clair(e) et précis(e) sur ce que vous souhaitez accomplir dans votre vie professionnelle.

Tout en écrivant, imaginez déjà exercer la profession que vous désirez.

Tenez la pierre de votre choix dans votre main. Prenez une grande inspiration et visualisez l'énergie de réussite et de prospérité professionnelle s'y fixer. Ressentez toute cette énergie circuler à travers tout votre corps.

Dites une affirmation claire et positive liée à votre réussite professionnelle.

Par exemple, vous pouvez dire :

"Je suis aligné(e) avec ma réussite professionnelle. Les opportunités se présentent à moi et je les saisis avec confiance. Ma carrière est remplie de succès professionnel."

Pliez le morceau de papier et placez-le dans la boîte. Ajoutez la pierre de votre choix à l'intérieur. Puis mettez son couvercle pour garder toutes les énergies en sécurité.

Gardez la boîte dans vos mains. Visualisez en imaginant votre carrière grandissante et florissante. Visualisez-là se remplir de succès.

Placez la boîte à côté de la bougie jaune, en la laissant baigner dans la lumière et la chaleur de la flamme. Laissez les encens se consumer, pour que leurs parfums remplissent votre environnement.

Restez assis(e) devant votre lieu de rituel pendant plusieurs minutes. Restez concentré(e) et connecté(e) à l'énergie de réussite et de prospérité qui vous entoure et vous enveloppe. Profitez de voir votre réussite professionnelle et votre prospérité déjà couronnées de succès.

Le rituel terminé, remerciez l'univers de vous avoir accompagné. Remerciez la bougie, les encens, la pierre et la boîte pour leur participation.

Pour finir, éteignez la bougie en exprimant votre gratitude pour sa lumière et son énergie.

Placez la boîte dans un endroit destiné à votre réussite professionnelle. Vous pouvez la garder dans votre sac à main.

Répétez ce rituel une fois par mois afin de renforcer l'énergie de votre objectif de manifester votre succès professionnel. Engagez-vous dans des actions concrètes pour atteindre vos objectifs. Restez toujours ouvert(e) aux opportunités qui se présentent à vous.

Talisman pour attirer la prospérité.

Dans ce rituel, vous allez créer un talisman chargé d'énergies positives qui va vous accompagner et attirer l'abondance financière. Mais également l'abondance dans d'autres aspects de votre vie. Il va agir comme un rappel de votre pouvoir de manifester la prospérité dans tous les domaines.

Matériel nécessaire :

Une bougie jaune ou verte.

De l'encens de benjoin.

De l'encens de basilic ou de cannelle.

Une citrine ou une pyrite.

Un morceau de tissu vert ou doré.

Du fil vert ou doré.

Étapes du rituel :

Créez une ambiance calme et paisible en préparant votre espace de rituel. Allumez la bougie de votre choix, l'encens de benjoin et l'encens de basilic ou un autre. Les fumées vont favoriser l'énergie de prospérité et d'abondance financière et dans tous les domaines de votre vie.

Prenez la pierre de citrine ou de pyrite et tenez-la dans votre main. Ressentez son énergie rayonnante de prospérité et de succès. Ressentez cette énergie se concentrer en enveloppant votre corps de sa force.

53

Prenez quelques minutes pour réfléchir à ce que l'abondance et la prospérité signifient pour vous. Imaginez-vous être déjà en train de vivre une vie financière abondante et prospère dans tous les domaines de votre vie.

Enroulez le morceau de tissu autour de la pierre et veillez à ce qu'elle soit bien en sécurité.

Prenez le fil et enroulez-le autour du tissu pour maintenir le talisman en place. Faites un nœud solide, tout en gardant à l'esprit votre objectif de prospérité et d'abondance.

Gardez le talisman dans vos mains. Récitez une affirmation positive liée à la prospérité, telle que :

"Je reste ouvert(e) à l'abondance et à la prospérité dans tous les domaines de ma vie. Les opportunités financières se présentent à moi facilement et de manière harmonieuse. L'énergie de l'abondance et de la prospérité entoure tout mon être."

Passez le talisman au-dessus de la flamme de la bougie. Pas trop près pour éviter de faire brûler le tissu. Passez ensuite le talisman à travers la fumée de l'encens. Laissez-le s'imprégner des énergies positives de prospérité et d'abondance.

Une fois le rituel terminé, remerciez l'univers pour son accompagnement. Remerciez la pierre, la bougie et l'encens pour leur contribution à la création de ce talisman de prospérité et d'abondance. Éteignez la bougie en exprimant votre gratitude pour sa lumière et son énergie bienveillante.

Placez le talisman dans un endroit où vous pouvez le voir régulièrement. Cela peut être votre bureau ou votre table de chevet. Vous pouvez également le garder sur vous. Chaque fois que vous le regardez, rappelez-vous de votre objectif de prospérité. Laissez-vous envelopper par les énergies positives qu'il représente.

Vous pouvez placer votre talisman à la lumière du soleil ou à la lune une fois par semaine pour le recharger en énergie positive.

Chapitre 5

Les rituels d'amour.

55

Des rituels pour attirer l'amour, renforcer les relations existantes ou guérir des blessures émotionnelles. Ils vont vous aider à manifester l'amour désiré, améliorer la communication et l'harmonie dans les relations, cultiver l'amour-propre et la confiance en soi. Ces rituels sont basés sur l'intention, l'énergie positive et la connexion avec les forces de l'amour universel.

Attirer l'amour et l'harmonie.

Ce rituel va vous aider à attirer l'amour et l'harmonie dans votre vie. Vous allez pouvoir cultiver des relations épanouissantes et bienveillantes.

Matériel nécessaire :

Deux bougies roses.

De l'encens de rose, de cerise ou de jasmin.

Un quartz rose.

Un morceau de papier rose.

Un stylo ou un feutre de couleur rose.

Un sac en tissu rose.

Du fil rose.

Étapes du rituel :

Comme dans chaque rituel, préparez votre espace. Allumez les bougies roses et l'encens de votre choix pour favoriser l'énergie de l'amour et de l'harmonie.

Asseyez-vous et prenez quelques minutes pour vous centrer et vous concentrer. Réfléchissez sur votre désir d'attirer l'amour et l'harmonie dans votre vie. Respirez profondément et laissez votre esprit se calmer. Faites 5 inspirations et 5 expirations.

Lorsque vous êtes prêt(e), prenez le papier. Écrivez dessus votre intention d'attirer l'amour et l'harmonie dans votre vie. Soyez clair(e) et précis(e) sur ce que vous souhaitez avoir dans vos relations. Visualisez en écrivant que vous avez déjà ce que vous désirez. Vous devez toujours écrire au présent.

Enroulez le papier et attachez-le avec le fil rose. Assurez-vous que l'intention est bien scellée et en sécurité.

Prenez le rouleau de papier et tenez-le dans vos mains. Visualisez et imaginez l'énergie de l'amour et de l'harmonie rentrer dans le rouleau. Ressentez cette énergie circuler à travers tout votre corps et se répandre dans votre vie.

Placez le rouleau dans le sac en tissu rose. Ajoutez un quartz rose pour renforcer l'énergie d'amour.

Fermez le sac, en l'imprégnant de votre désir d'amour et d'harmonie.

Gardez le sac entre vos mains et récitez une affirmation positive liée à l'amour et à l'harmonie.

Par exemple, vous pouvez dire :

"Je reste ouvert(e) à l'amour et à l'harmonie dans mes relations. Chaque jour, les liens se resserrent davantage, nourris par un amour mutuel et une compréhension grandissante."

Placez le sac dans un endroit comme votre table de chevet ou sous votre oreiller.

Laissez-le symboliser votre désir constant d'attirer l'amour et l'harmonie dans votre vie. Vous pouvez l'emporter avec vous pour renforcer son énergie pendant la journée.

Le rituel fini, exprimez votre gratitude à l'univers. Remerciez les bougies et les objets que vous avez utilisés.

Éteignez les bougies et l'encens en exprimant votre gratitude pour leur lumière bienveillante.

Vous pouvez répéter ce rituel d'amour et d'harmonie une fois par mois. Ce rituel vous permettra de recharger régulièrement le sac avec votre intention et votre énergie d'amour et d'harmonie. Cultivez l'amour dans vos relations et soyez ouvert(e) à recevoir l'amour qui se présente à vous.

Attirer le véritable amour.

Ce rituel vous aidera à attirer le véritable amour dans votre vie.

Matériel nécessaire :

Une bougie rose.

Une pierre de rhodonite.

De l'encens de rose ou de cerise.

Un morceau de papier rose.

Un stylo ou un feutre rose.

Un sac en tissu rose.

Des pétales de roses séchées.

Étapes du rituel :

Préparez votre espace de rituel pour créer une ambiance paisible et sereine. Allumez la bougie rose et l'encens de rose ou de cerise pour favoriser l'énergie de l'amour et de l'attraction.

Asseyez-vous dans une position confortable. Prenez quelques minutes pour vous concentrer et vous centrer sur votre objectif. Respirez profondément en pensant à votre intention d'attirer le véritable amour. Faites 5 inspirations et 5 expirations avant de commencer.

Prenez le morceau de papier, écrivez les qualités et les caractéristiques de ce que représente pour vous le véritable amour. Notez ce que vous souhaitez attirer dans votre vie. Soyez précis(e) et honnête dans vos désirs.

Pliez le papier et placez-le dans le sac en tissu. Ajoutez les pétales pour renforcer l'énergie de l'amour.

Gardez le sac dans vos mains. Visualisez et imaginez l'énergie de l'amour. Ressentez cette énergie circuler à travers votre corps et laissez l'amour imprégner ce sac.

Récitez une affirmation positive liée à l'amour.

Dites :

"Je suis prêt(e) à recevoir le véritable amour dans ma vie. Je mérite un amour sincère, passionné et respectueux."

Le rituel fini, n'oubliez pas de remercier l'univers. Remerciez également tous les objets pour leur accompagnement dans ce rituel. Éteignez la bougie en exprimant votre gratitude pour sa lumière d'amour et son énergie protectrice.

Rangez le sac dans un endroit que vous seul(e) connaissez. Ou dans un endroit réservé à cet effet comme votre chambre à coucher, votre sac à main. Vous pouvez le garder sur vous si vous préférez. Laissez-le symboliser votre intention constante d'attirer le véritable amour dans votre vie.

Vous pouvez répéter ce rituel pour recharger régulièrement le sac avec votre désir d'attirer l'amour et votre énergie du véritable amour. Restez ouvert(e) et réceptif(ve) aux opportunités qui se présentent à vous. Allez à la rencontre de nouvelles personnes pour cultiver des relations saines et épanouissantes.

Renforcer des liens amoureux.

Ce rituel vous aidera à renforcer les liens amoureux. Vous allez pouvoir cultiver une relation épanouissante et harmonieuse avec votre compagnon ou compagne.

Matériel nécessaire :

Deux bougies roses.

De l'encens de rose ou de musc.

Deux stylos ou feutres de couleur rose.

Un sac en tissu rose.

Des pétales de roses séchées.

Étapes du rituel :

Préparez votre espace de rituel en créant une ambiance calme et paisible. Commencez par allumer les bougies roses puis l'encens de votre choix. La fumée va favoriser l'énergie de l'amour.

Asseyez-vous en face de votre compagnon ou compagne de manière à ce que vous puissiez vous tenir les mains pendant le rituel.

Prenez quelques minutes pour vous ancrer et vous connecter à votre compagnon ou compagne. Faites 5 inspirations et 5 expirations. Respirez profondément ensemble et laissez votre énergie d'amour mutuel se renforcer en créant une bulle autour de vous. Restez comme ça encore quelques instants pour sentir vos énergies mutuelles.

Prenez maintenant chacun un morceau de papier. Écrivez une qualité ou une caractéristique que vous aimez chez lui/elle. Soyez sincère et honnête avec vous-même dans vos écrits.

Pliez chacun votre papier et échangez-les. Donnez le vôtre et recevez celui qu'il/elle a écrit sur vous.

Gardez les papiers dans vos mains. Visualisez l'énergie de l'amour. Imaginez et voyez la connexion circuler entre vous deux. Ressentez cette énergie se renforcer et vous envelopper pour nourrir vos liens d'un amour lumineux.

Dites ensemble une affirmation positive :

"Nous sommes unis par un amour vrai et sincère. Nos liens se renforcent de plus en plus chaque jour, en nourrissant notre relation d'amour et de joie épanouissante."

Placez les papiers dans le sac en tissu rose. Ajoutez des pétales pour renforcer l'énergie de l'amour mutuel.

Refermez le sac, en l'imprégnant de tout votre amour pour renforcer les liens amoureux qui vous unissent.

Rangez le sac dans un endroit où personne ne puisse le voir. Un lieu qui a une signification importante pour votre relation. Laissez-le symboliser votre désir de nourrir et de renforcer votre amour mutuel.

Une fois le rituel terminé, exprimez votre gratitude à l'univers, aux anges si vous en avez. Remerciez les bougies et les autres objets de vous avoir accompagné pendant ce rituel.

N'oubliez pas de vous remercier également mutuellement pour votre participation.

Éteignez les bougies en exprimant votre gratitude pour leur lumière lumineuse et leur énergie remplie d'amour et de bienveillance.

Vous pouvez répéter ce rituel pour recharger le sac avec votre intention et votre énergie d'amour mutuel. Après le rituel, continuez de cultiver l'amour dans votre relation. Communiquez avec sincérité avec votre compagnon ou compagne.

Raviver la passion grâce à cette potion d'amour.

Cette potion d'amour vous aidera à raviver la passion et à approfondir l'amour dans votre relation.

Matériel nécessaire :

Une tasse.

Une tasse d'eau de source si possible.

Une cuillère à soupe de pétales de roses séchées.

Une cuillère à soupe de feuilles de menthe fraîche.

Une cuillère à café de verveine séchée.

Une cuillère à café de miel pour son côté sucré.

Étapes du rituel :

Prenez une casserole et portez l'eau à ébullition. Ajoutez dans cette eau frémissante les pétales de rose, les feuilles de menthe et la verveine.

Retirez la casserole du feu et laissez infuser pendant environ 5 minutes. Placez un couvercle sur celle-ci afin que tous les ingrédients libèrent leurs arômes et leurs propriétés magiques.

Pendant que la potion refroidit, concentrez-vous sur votre désir de raviver l'amour et la passion. Visualisez l'amour et la passion vibrant entre vous et votre compagnon ou compagne.

Une fois la potion refroidie, filtrez-la à l'aide d'une passoire pour retirer toutes les herbes.

Versez la potion dans une tasse. Si vous le souhaitez, ajoutez une cuillère à café de miel à votre potion.

Prenez la tasse dans vos mains et dites une affirmation ou une prière d'amour.

Vous pouvez dire :

"Que cette potion ravive l'énergie de notre amour. Que notre relation brûle de désir et de bonheur."

Vous pouvez boire cette potion avec votre compagnon ou votre compagne. Cela favorisera votre désir de raviver la passion et l'amour. Buvez-la en visualisant et en ressentant votre amour. Savourez chaque gorgée pour raviver l'amour et la passion.

Rappelez-vous que cette potion est symbolique. Elle est un complément à vos efforts pour réveiller la flamme dans votre relation. Une fois le rituel terminé, exprimez votre gratitude à l'univers, aux plantes utilisées et à tous les autres éléments utilisés.

Vous pouvez répéter ce rituel de la potion d'amour autant de fois que vous voulez. Vous pouvez changer les ingrédients et les proportions en fonction de vos préférences.

Guérison émotionnelle après une rupture.

Ce rituel vous aidera à libérer les émotions négatives. Vous allez permettre à la guérison et au renouveau de rentrer dans votre vie. N'oubliez pas d'être patient(e) et de prendre le temps nécessaire pour vous guérir et vous rétablir émotionnellement.

Matériel nécessaire :

Une bougie blanche.

Un bâton de Palo Santo ou un bâton de sauge.

Une feuille de papier et un stylo.

Une petite boîte.

Des herbes de guérison comme la lavande, la camomille ou le jasmin.

Un bol d'eau.

Une serviette en papier.

Étapes du rituel :

Créer un espace sacré en allumant la bougie blanche et le bâton de Palo Santo ou de sauge pour purifier votre lieu de rituel. Placez le matériel et les herbes de guérison à proximité.

Prenez quelques minutes pour respirer en faisant 5 inspirations et 5 expirations profondes. Cela vous aidera à vous concentrer et à vous centrer sur votre intention.

Prenez la feuille et le stylo. Écrivez tout ce que vous ressentez et tout ce que vous souhaitez guérir suite à la rupture. Soyez honnête avec vous-même et laissez vos émotions s'exprimer librement sur cette feuille.

Une fois que vous avez terminé d'écrire, pliez la feuille en pensant à votre guérison. Placez-la dans la boîte. Cette boîte représente l'espace sacré de votre guérison.

Placez le bol d'eau devant vous et trempez vos mains. Imaginez en visualisant l'eau vous guérir et vous remplir d'énergie purificatrice. Ressentez l'eau laver vos mains de toute la douleur et le chagrin de cette rupture.

Séchez vos mains avec la serviette en papier. Imaginez et visualisez-vous vous libérer de tout ce qui ne vous sert plus émotionnellement.

Prenez la boîte contenant le papier et tenez-la dans vos mains.

Visualisez toute l'énergie de guérison et votre libération entrer dans cette boîte. Voyez cette énergie entourer les mots écrits sur la feuille.

Récitez une affirmation de guérison et dites :

"Je me libère de la douleur suite à cette rupture. J'ouvre mon cœur à la guérison et à l'amour. Je suis guéri(e) et je m'épanouis dans la joie."

Le rituel terminé, prenez quelques minutes pour exprimer votre gratitude à l'univers. Remerciez la bougie et tous les objets que vous avez utilisés de vous avoir accompagné pendant ce rituel. Éteignez la bougie en exprimant votre gratitude pour sa lumière et son soutien dans le processus de guérison.

Placez la boîte dans un endroit qui résonne avec vous. Vous pouvez refaire le rituel une fois par semaine pour renouveler votre intention de guérison ou jusqu'à votre guérison complète.

Chapitre 6

Les rituels contre les énergies négatives.

Les rituels contre les énergies négatives nous aident à purifier et à éloigner les influences indésirables de notre vie. En utilisant des techniques telles que la fumigation, les protections énergétiques et les rituels de nettoyage.

Purifier et éloigner les énergies négatives.

Ce rituel vous aidera à vous purifier et à purifier votre espace de toutes les influences négatives.

Matériel nécessaire :

Un bâton de sauge ou un bâton de Palo Santo

Un encens purifiant comme le santal ou la myrrhe.

Un bol d'eau.

Du sel de mer.

Quelques gouttes d'huile essentielle de lavande, de romarin ou de rue.

Une bougie blanche.

Étapes du rituel :

Choisissez un moment calme et tranquille où personne ne viendra vous déranger. Commencez par créer votre lieu de rituel en purifiant tout l'espace de travail avec votre bâton de Palo Santo ou de sauge.

Allumez ensuite la bougie blanche pour symboliser la lumière blanche et la pureté. Placez le bol d'eau salée devant vous.

Allumez l'encens de votre choix et laissez-le se consumer légèrement pour produire de la fumée purifiante.

Purifiez votre propre énergie en passant doucement la fumée de l'encens tout autour de votre corps. Concentrez-vous sur votre désir de libérer les énergies négatives.

Levez-vous et marchez en passant la fumée de l'encens dans chaque coin de la pièce. Visualisez en imaginant la purification de toutes les énergies indésirables s'éloigner et disparaître.

Une fois votre espace purifié, revenez à votre lieu de rituel. Reprenez le bol d'eau salée. Ajoutez-y quelques gouttes. d'huile essentielle de votre choix. Remuez doucement pour mélanger.

Prenez de petites quantités d'eau du bol et aspergez chaque coin de la pièce en répétant une affirmation, par exemple :

 "Que cet espace soit purifié et que les énergies négatives s'éloignent et disparaissent à jamais. Que la lumière et la positivité remplissent chaque recoin et tout mon être ici et maintenant."

Une fois que vous avez terminé le rituel, remerciez les énergies divines ou l'univers pour leur soutien et leur protection. Remerciez la bougie et tous les éléments qui vous ont accompagné durant le rituel.

Purifiez l'espace avec la sauge ou le Palo Santo.

Ce rituel avec la sauge ou le Palo Santo est une pratique ancestrale. On utilise la fumée de la sauge ou du Palo Santo pour purifier les énergies stagnantes ou négatives d'un lieu. En allumant le bâton de sauge ou de Palo Santo, vous permettez à la fumée purifiante de remplir chaque recoin de l'espace. Libérez les énergies indésirables en créant une atmosphère bienveillante et de paix.

Matériel nécessaire :

Un bâton de sauge ou un bâton de Palo Santo.

Une plume.

Un récipient résistant à la chaleur.

Une allumette ou un briquet.

Étapes du rituel :

Choisissez un moment calme et tranquille pour effectuer le rituel. Avant de commencer, ouvrez les fenêtres pour permettre à l'énergie négative de sortir.

Préparez votre espace en plaçant le récipient résistant à la chaleur devant vous.

Tenez le bâton de sauge ou de Palo Santo et allumez-le. Laissez-le brûler pendant quelques instants jusqu'à ce qu'il génère de la fumée.

Une fois que la sauge ou le Palo Santo brûle, utilisez votre main ou une plume pour répartir la fumée dans toutes les pièces. Assurez-vous d'atteindre tous les coins, les recoins et les zones où l'énergie peut être stagnante.

Pendant que vous déplacez la sauge ou le Palo Santo, visualisez et ressentez comment la fumée purifie et élimine toutes les énergies négatives de l'espace. Vous pouvez également réciter une intention ou une affirmation de purification.

Vous pouvez dire :

"Que cette sauge ou ce Palo Santo purifie mon environnement et éloigne toutes les énergies indésirables. Que la lumière et la paix remplissent chaque recoin de mon espace."

Une fois que vous avez purifié toutes les pièces, revenez à votre point de départ. Puis éteignez la sauge ou le Palo Santo en le secouant doucement dans un récipient résistant à la chaleur. Assurez-vous que la sauge ou le Palo Santo soit complètement éteint(e) avant de le ranger.

Remerciez les énergies divines ou l'univers pour leur soutien et leur protection pendant le rituel.

N'oubliez pas de respecter les précautions de sécurité pour éviter tous les incendies lors de l'utilisation de la sauge ou du Palo Santo.

Éloigner les personnes toxiques.

Ce rituel pour éloigner les personnes toxiques vous aidera à créer des barrières énergétiques. Il vous protégera des influences négatives de personnes nuisibles.

Matériel nécessaire :

Un encens de benjoin.

Un morceau de papier.

Un stylo ou un marqueur noir.

Une bougie noire.

Une petite boîte noire.

Du sel de mer.

Des herbes protectrices comme la sauge, le romarin ou la menthe.

Un ruban noir.

Étapes du rituel :

Préparez votre espace de rituel et allumez la bougie noire pour symboliser le rejet des énergies négatives.

Allumez l'encens de benjoin pour créer une ambiance protectrice.

Prenez le papier et écrivez le nom de la personne toxique ou une description de son influence négative qu'elle a sur vous. Soyez précis et honnête avec vous-même quand vous écrivez.

Visualisez et voyez la personne toxique devant vous. Ressentez son impact négatif qu'elle exerce sur vous. Laissez cette énergie s'exprimer à travers des images ou des mots que vous dites ou entendez.

Une fois que vous avez terminé de décrire et de penser à cette situation toxique, pliez soigneusement le morceau de papier et placez-le dans la boîte noire.

Ajoutez une pincée de sel de mer sur le papier pour sceller l'énergie négative.

Ajoutez les herbes protectrices dans la boîte pour renforcer la protection et la purification.

Enroulez le ruban noir autour de la boîte. Faites plusieurs nœuds pour symboliser la fermeture de l'énergie toxique à l'intérieur.

Tenez la boîte dans vos mains et récitez une affirmation forte et claire :

"Je me libère de l'influence négative de (dites le nom de la personne toxique). Je crée des barrières énergétiques et des frontières saines.

Je laisse entrer uniquement les énergies positives dans ma vie."

Une fois que vous avez affirmé votre intention, placez la boîte dans un endroit sûr où personne ne viendra la déranger.

Exprimez votre gratitude envers les forces protectrices ou l'univers qui vous accompagnent et vous protègent. Vous pouvez éteindre la bougie. Laissez l'encens de benjoin se consumer jusqu'au bout.

Talisman pour se protéger des énergies négatives.

La création de ce talisman va vous permettre de canaliser votre intention et votre pouvoir personnel dans un objet chargé en énergie positive. Ce talisman va agir comme un bouclier qui va repousser les influences néfastes. Il va vous offrir une protection constante dans votre vie quotidienne. Mais également vous permettre de rester aligné, équilibré et en harmonie avec votre être intérieur.

Matériel nécessaire :

Une pierre de labradorite, une obsidienne noire ou une tourmaline noire.

Un morceau de tissu et un sac en tissu noir.

Une bougie blanche.

De l'encens comme la sauge, le santal ou le cèdre.

Un stylo ou un marqueur noir.

Des herbes protectrices comme la sauge, le romarin ou la menthe.

Une petite quantité de sel de mer.

Étapes du rituel :

Choisissez un endroit où vous ne serez pas dérangé et préparez votre espace.

Allumez la bougie blanche pour symboliser la pureté et la lumière.

Allumez l'encens et laissez la fumée purifier et remplir l'espace autour de vous.

Prenez la pierre de votre choix entre vos mains et concentrez-vous sur votre intention de créer un talisman de protection. Visualisez et voyez l'énergie positive qui émane de la pierre. Ressentez son énergie qui vous entoure d'une lumière lumineuse et de sécurité.

Sur le morceau de tissu, dessinez un symbole ou écrivez une affirmation de protection qui résonne avec vous. Écoutez et laissez votre intuition guider votre choix.

Placez la pierre protectrice au centre du morceau de tissu. Ajoutez ensuite les herbes protectrices de votre choix et une petite quantité de sel de mer.

Rassemblez les coins du tissu. Attachez-les solidement avec le ruban, en scellant l'énergie protectrice à l'intérieur. Mettez le tissu dans un petit sac noir.

Tenez le talisman entre vos mains et récitez une affirmation de protection.

"Ce talisman me protège des énergies négatives en créant un bouclier de lumière et d'amour tout autour de mon être. Il me guide vers la sécurité et la paix".

Exprimez votre gratitude aux forces divines ou à l'univers. Remerciez la bougie et tous les autres éléments que vous avez utilisés pour leur soutien et leur protection pendant le déroulement du rituel.

Une fois que vous avez exprimé votre désir, placez le talisman dans un endroit où vous le verrez régulièrement. Vous pouvez le porter sur vous pour bénéficier de sa protection au quotidien.

Rechargez votre talisman une fois par semaine en le mettant au soleil pendant quelques heures ou en l'exposant à la lune toute la nuit.

Nettoyage énergétique personnel.

Ce nettoyage énergétique est un moyen puissant de libérer les énergies stagnantes et négatives, mais aussi les influences indésirables qui peuvent s'accumuler dans votre champ énergétique.

Matériel nécessaire :

Un bol d'eau tiède.

Du sel de mer ou du sel de l'Himalaya.

Un bâton de Palo Santo ou un bâton de sauge.

Une bougie blanche.

Étapes du rituel :

Trouvez un endroit calme et tranquille et préparez votre lieu de rituel. Commencez à nettoyer votre espace.

Allumez la bougie blanche pour symboliser la pureté et la lumière blanche.

Allumez le bâton de Palo Santo ou le bâton de sauge.

Laissez la fumée se répandre dans votre espace.

Remplissez le bol d'eau tiède et ajoutez-y une petite pincée de sel de mer ou de sel de l'Himalaya. Remuez doucement pour bien dissoudre le sel dans l'eau.

Tenez-vous debout au-dessus du bol d'eau. Imaginez en visualisant que vous êtes entouré(e) d'une lumière blanche et brillante. Respirez profondément et voyez cette lumière blanche pénétrer dans chaque cellule de votre corps. Ressentez-là vous purifier et nettoyer votre champ énergétique.

Trempez vos mains dans le bol d'eau avec le sel et frottez-les doucement l'une contre l'autre. Ressentez l'eau et le sel qui emportent et font disparaître avec eux les énergies stagnantes.

Prenez le bâton de Palo Santo ou de sauge et passez-le lentement autour de votre corps. Commencez par la tête en descendant jusqu'aux pieds. Visualisez la fumée qui dissipe toutes les énergies négatives et laisse place à une énergie pure et lumineuse.

Une fois que vous avez terminé de passer le bâton de Palo Santo ou de sauge, placez-le dans un récipient résistant à la chaleur. Laissez-le se consumer encore quelques minutes.

Prenez quelques instants pour vous asseoir. Ressentez votre énergie nettoyée. Exprimez votre gratitude à l'univers ou aux forces divines. Remerciez les éléments que vous avez utilisés pour cette purification énergétique.

Ce rituel peut être effectué une fois par semaine ou plus pour maintenir votre énergie claire et équilibrée. Vous pouvez adapter les étapes à votre convenance.

Vous pouvez ajouter des affirmations ou une prière de purification qui résonnent avec vous. Écoutez toujours votre intuition et laissez-vous guidée par elle.

Chapitre 7

Les rituels de protection des lieux.

Ces rituels permettent de purifier un espace en créant une atmosphère de sécurité, de paix et d'énergie positive. L'utilisation de sauge, de sel, de cristaux, etc., sert à éloigner les énergies négatives. Ces rituels vont mettre en place des barrières de protection afin d'établir une harmonie vibratoire pour tous ceux qui fréquentent ce lieu.

Bénédiction d'une nouvelle maison.

Ce rituel va être un moment sacré où vous allez remplir l'espace avec des intentions positives et des bénédictions. De ce fait, vous allez créer un foyer rempli d'amour, de bonheur et de prospérité dans la maison. Pour ce rituel, vous allez utiliser de l'encens, de l'eau bénite et des prières de bénédiction. Ces éléments vont vous servir à purifier en consacrant chaque pièce.

Matériel nécessaire :

Un bol d'eau bénite, si possible.

Un bâton de sauge ou un encens de santal ou de benjoin.

Une plume pour répandre la fumée.

Une bougie blanche qui représente la lumière et la pureté.

Plusieurs bouquets de rues fraîches ou séchées et de romarin frais ou sec (autant de bouquets que de pièces à bénir).

Une pierre d'améthyste.

Un petit bol d'eau.

Du sel de mer ou du sel de l'Himalaya.

Une prière de bénédiction ou une demande personnelle.

Étapes du rituel :

Préparez votre espace de rituel en le purifiant avec le bâton de sauge ou l'encens de votre choix. Une fois la purification de votre lieu de rituel terminée, éteignez le bâton ou l'encens et gardez-les près de vous pour plus tard.

Allumez la bougie blanche pour symboliser la lumière et la pureté.

Tenez le bol d'eau bénite entre vos mains. Imaginez et visualisez une lumière blanche et brillante qui remplit le bol, infusant l'eau d'énergies positives et purifiantes.

Commencez par purifier et bénir la porte d'entrée. Puis faites le tour de chaque pièce de la maison dans le sens des aiguilles d'une montre. Éclaboussez chaque coin de chaque pièce pour purifier l'espace avec quelques gouttes d'eau bénite. Récitez

une prière ou une demande de votre choix pour inviter les énergies bienveillantes et positives à habiter cette maison.

Rallumez le bâton de sauge ou l'encens et laissez la fumée se répandre dans chaque pièce. Avec votre main ou une plume, envoyez la fumée dans les coins et les endroits où l'énergie peut être stagnante ou bloquée. Visualisez et voyez la fumée emporter avec elle toutes les énergies négatives en purifiant chaque pièce de cette maison.

Posez votre bâton de sauge dans un récipient résistant à la chaleur ou l'encens sur l'encensoir. Déplacez-vous dans la maison pour suspendre un bouquet de rue et de romarin sur le rebord des fenêtres. Offrez-les comme symbole de bénédiction et de protection. Un bouquet de chaque par pièce.

Placez la pierre d'améthyste dans un endroit central de la maison. Visualisez la puissance et la lumière violette de cette pierre qui rayonne dans toute la maison. Voyez sa lumière créer une protection énergétique en enveloppant la maison comme une bulle invisible impénétrable.

Enfin, dans le petit bol d'eau, mélangez une pincée de sel et faites le tour de chaque pièce en éclaboussant doucement ce mélange dans les coins. En faisant ces gestes, vous allez purifier et protéger l'espace contre les énergies négatives. Éclaboussez également les coins des pièces où l'énergie peut stagner.

Terminez le rituel en restant silencieux(se), en exprimant votre gratitude à l'univers ou aux forces divines pour cette nouvelle maison. Remerciez également la bougie, l'eau et la pierre pour leur soutien et leur protection. Invitez les bénédictions et l'abondance à y habiter.

Vous pouvez adapter ce rituel en fonction de vos croyances. N'hésitez pas à ajouter des éléments supplémentaires ou à modifier les étapes pour créer un rituel en résonance avec vous. Écoutez toujours votre intuition pour vous aider dans vos choix.

Rituel pour protéger le domicile des influences néfastes.

Ce rituel va vous aider à protéger votre domicile des influences néfastes. Il vise à établir une bulle énergétique solide autour de votre lieu de vie, empêchant ainsi les énergies négatives et les influences indésirables d'entrer.

Matériel nécessaire :

Un bâton de sauge, de Palo Santo ou un encens de benjoin.

Une plume pour répandre la fumée.

Une bougie blanche pour représenter la purification et la lumière blanche.

Des pierres comme l'améthyste, la tourmaline noire ou la labradorite.

Un bol d'eau.

Du sel de mer ou du sel de l'Himalaya.

Une prière ou une affirmation de protection.

Étapes du rituel :

Commencez par purifier votre espace de rituel avec le bâton de sauge ou celui de votre choix et déposez-le dans un récipient résistant à la chaleur.

Puis allumez la bougie blanche pour symboliser la lumière blanche et la purification.

Reprenez le bâton de sauge ou celui que vous avez choisi avant le début du rituel. Allumez-le et avec votre main ou la plume, aidez la fumée à se répandre dans chaque pièce de votre domicile.

Concentrez-vous sur les coins, les portes et les fenêtres. Visualisez et voyez la fumée qui purifie et éloigne les énergies néfastes en les détruisant.

Placez les pierres de protection dans des endroits qui ont une signification pour vous. Cela peut être sur les rebords intérieurs des fenêtres si vous en avez, les coins des pièces ou dans la pièce où vous êtes le plus souvent. Visualisez et voyez ces pierres agir comme des gardiens en créant un bouclier ou une bulle de protection.

Placez le bol d'eau devant vous. Ajoutez une pincée de sel et remuez avec votre main pour mélanger le sel à l'eau. Une fois le sel complètement dissous, faites le tour de chaque pièce en éclaboussant de quelques gouttes les coins et recoins. Faites pareil près des entrées pour purifier et protéger votre domicile des influences indésirables et des énergies négatives.

Récitez une prière ou une intention de protection qui résonne avec vous. Demandez aux forces de l'univers ou à vos anges de protéger votre domicile, vous pouvez demander la protection des forces divines si vous en avez. Sinon, exprimez votre volonté en visualisant et en voyant votre espace sûr, harmonieux et sécurisé.

Prenez quelques minutes avant de clôturer le rituel. Ressentez toute cette énergie protectrice et sereine qui remplit votre domicile. Visualisez votre environnement entouré d'une lumière blanche et d'une aura de sécurité et de paix.

Une fois le rituel terminé, remerciez les forces divines ou l'univers de vous avoir accompagné pendant ce rituel. Remerciez-les aussi pour leur protection bienveillante et leur soutien.

Vous pouvez répéter ce rituel une fois par mois pour continuer à profiter du bouclier ou de la bulle de protection.

Création d'une bulle énergétique pour sa maison.

La création de cette bulle énergétique consiste à établir une bulle de protection autour de votre espace de vie. Elle va repousser les influences négatives et établir une ambiance de sécurité et de paix.

Matériel nécessaire :

Une pierre d'améthyste, une tourmaline noire ou un œil-de-tigre.

Une bougie blanche.

Une plume.

Un morceau de papier et un stylo.

Un bâton de sauge, un encens de santal ou de myrrhe.

Un bol d'eau.

Du sel de mer.

Étapes du rituel :

Commencez par purifier votre espace de rituel avec le bâton de sauge. Allumez la bougie blanche pour symboliser la lumière blanche et la pureté.

Prenez la pierre de protection de votre choix entre vos mains et fermez les yeux. Prenez 5 inspirations et 5 expirations profondes pour vous concentrer. Visualisez et voyez une lumière blanche et lumineuse sortir de la pierre. Voyez-la créer une bulle protectrice enveloppant votre environnement. Visualisez cette bulle repousser toutes les énergies négatives et indésirables qui essaient de rentrer.

Prenez ensuite le morceau de papier. Écrivez une demande claire et positive pour votre bulle énergétique.

Vous pouvez dire :

"Je crée cette bulle de protection puissante et bienveillante autour de ma maison. Elle repousse toutes les énergies négatives et crée un espace de paix, de sécurité et d'harmonie."

Reprenez et rallumez le bâton de sauge ou l'encens de votre choix. Avec votre main ou une plume, aidez la fumée à se répandre dans chaque pièce et recoin de votre maison. En marchant dans ces différentes pièces, récitez votre prière ou intention à voix haute ou dans votre esprit. Restez concentré sur votre intention de purifier et de protéger ce lieu.

Placez la pierre protectrice au centre de votre maison. Visualisez et voyez la pierre émettre en continu toute son énergie protectrice. Visualisez cette bulle grossir autour de votre maison.

Placez un bol d'eau devant vous. Puis ajoutez une pincée de sel et remuez délicatement pour mélanger l'eau/sel. Faites le tour de chaque pièce en éclaboussant de ce mélange les coins et recoins pour purifier et protéger votre maison des énergies négatives.

Une fois le rituel terminé, restez quelques minutes en silence. Ressentez la présence de cette bulle énergétique autour de votre maison. Ressentez la paix, la sécurité et l'harmonie qui remplissent votre lieu de vie.

Remerciez les forces divines, l'univers de vous avoir accompagné pendant le rituel. Remerciez-les pour la création de cette bulle énergétique et protectrice.

Apprendre à détecter les énergies négatives dans un lieu.

Cette technique pour détecter les énergies négatives dans un lieu va vous aider à explorer l'environnement énergétique. Vous serez capable de reconnaître les vibrations négatives qui peuvent être présentes. Vous saurez comment faire pour dissiper et rétablir l'harmonie et l'équilibre dans un lieu.

Matériel nécessaire :

Un bol d'eau.

Du sel de mer.

Une bougie blanche pour représenter la lumière et la pureté.

Un bâton de sauge ou de Palo Santo.

Un pendule ou des baguettes de sourcier.

Étapes du rituel :

Préparez votre espace de rituel. Puis allumez la bougie blanche pour symboliser la lumière et la purification.

Prenez et placez le bol d'eau devant vous. Ajoutez une cuillère à café de sel. Remuez doucement l'eau avec votre main pour le dissoudre. Visualisez le sel purifier l'eau et la charger en énergie positive.

Une fois cette étape terminée, prenez le bâton de sauge ou de Palo Santo et allumez-le. À l'aide de votre main ou d'une plume, aidez la fumée à se répandre dans la pièce. Visualisez la fumée éliminer toutes les énergies négatives présentes dans l'environnement.

Prenez le pendule ou les baguettes de sourcier dans vos mains et dites :

"Que ce pendule ou ces baguettes me guident et me dirigent vers les énergies négatives présentes dans ce lieu."

Commencez à vous déplacer dans la pièce lentement, en gardant le pendule ou les baguettes devant vous. Observez attentivement les mouvements du pendule ou les réactions des baguettes. Ils peuvent se balancer, vibrer ou pointer vers certaines zones où les énergies négatives sont concentrées.

Lorsque vous ressentez une concentration d'énergie négative, arrêtez-vous et faites circuler le pendule ou les baguettes dans cette pièce. Restez attentif(ve) et réceptif(ve) aux sensations que vous pouvez ressentir, comme des frissons ou une sensation de malaise par exemple.

Une fois que vous avez détecté la pièce où l'énergie est négative, prenez le bol d'eau salée et marchez en éclaboussant d'eau salée les coins et les recoins. Visualisez et voyez comment l'eau purifie et dissipe les énergies négatives en les faisant disparaître.

Faites la même chose dans chaque pièce de la maison en suivant les mouvements du pendule ou la réaction des baguettes. Écoutez et faites confiance à votre intuition pour vous guider vers les pièces qui nécessitent d'être purifiées.

Une fois que vous avez terminé(e) le rituel, remerciez la bougie pour sa lumière. Le bâton de sauge ou le Palo Santo pour sa protection. Le pendule ou les baguettes pour vous avoir accompagné et pour vous avoir guidé. Éteignez la bougie et laissez le bâton se consumer pendant quelques instants.

Chapitre 8

Les affirmations positives.

Affirmations pour commencer une bonne journée.

Récitez ces affirmations tous les matins, devant un miroir, et n'oubliez pas de sourire et d'adopter une attitude positive. Laissez les mots résonner avec votre être. Croyez en vous et en leur pouvoir de créer une journée remplie de positivité et de joie.

• "Aujourd'hui est une nouvelle opportunité d'abondance et de bonheur."

• "Je suis rempli(e) de gratitude pour cette belle journée qui vient à moi."

• "Je me concentre sur tous les aspects positifs de ma vie."

• "Je mérite le bonheur, l'abondance et l'amour."

• "Aujourd'hui est une occasion de briller d'une lumière lumineuse."

• "Je fais face à tous les défis qui se présentent à moi."

• "J'attire toutes les énergies positives et enrichissantes dans ma vie."

• "Je suis reconnaissant(e) pour toutes les belles personnes qui m'entourent."

• "Mon esprit est calme, serein(e), rempli(e) d'énergie positive et d'amour."

• "Je reçois les bénédictions et les opportunités qui se présentent à moi aujourd'hui et tous les jours d'après."

• "Je reçois les bénédictions et les opportunités qui se présentent à moi aujourd'hui et tous les jours d'après."

Affirmations de gratitude pour cultiver l'abondance dans sa vie.

Répétez chaque matin ou chaque soir ces affirmations et exprimez votre gratitude à tous les aspects de votre vie. Cultivez la gratitude au quotidien pour attirer l'abondance et la prospérité.

• "Je suis reconnaissant(e) pour l'abondance, le bonheur et la joie qui m'accompagnent chaque jour."

 • "Je suis reconnaissant(e) pour toutes les occasions d'apprendre et d'évoluer qui se présentent à moi."

• "Je suis reconnaissant(e) pour la richesse dans mes relations professionnelles, familiales et amicales."

• "Je suis reconnaissant(e) pour mon excellente santé qui me permet de vivre ma vie dans la joie."

"Je suis reconnaissant(e) pour toute l'abondance financière que j'ai déjà et qui me permet de satisfaire mes besoins et mes désirs chaque jour."

• "Je suis reconnaissant(e) pour l'abondance professionnelle qui entoure ma vie et qui me permet de prospérer."

• "Je suis reconnaissant(e) pour la beauté de la nature qui m'entoure et qui nourrit mon être tout entier."

• "Je suis reconnaissant(e) pour la paix et l'harmonie qui m'accompagnent dans la vie."

• "Je suis reconnaissant(e) pour toute la nourriture que j'ai déjà et qui satisfait mes besoins physiques."

• "Je suis reconnaissant(e) pour tout l'amour que je reçois et que je donne."

Affirmations positives pour manifester et réaliser tous ses désirs.

Ces affirmations vont vous aider à canaliser votre énergie et votre intention pour réaliser vos désirs.

Personnalisez ces affirmations pour les faire résonner au plus profond de votre être.

Répétez-les chaque jour et ressentez les émotions positives qu'elles évoquent.

Ouvrez-vous à l'univers afin qu'il puisse répondre à votre désir avec magie et synchronicité.

Créez un espace sacré en allumant la bougie blanche et le bâton de Palo Santo ou de sauge pour purifier votre lieu de rituel. Placez le matériel et les herbes de guérison à proximité.

- "Je suis reconnaissant(e) d'avoir déjà réalisé (décrivez votre désir le plus profond)."

- "Je suis aligné(e) chaque jour avec l'énergie de (décrivez votre souhait). Cette énergie me guide dans mes actions et crée des opportunités et des synchronicités dans ma vie."

- "Je mérite de vivre pleinement (décrivez ce que vous voulez dans votre vie). Je libère tous les doutes et toutes les peurs pour m'ouvrir à la vie. Je reçois (décrivez ce que vous voulez dans votre vie) avec gratitude."

- "L'univers m'accompagne et soutient mon désir de (décrivez votre intention). Je suis en totale harmonie avec les forces de l'univers pour recevoir les signes et les

moyens nécessaires, comme la synchronicité, pour sa
réalisation."

• "Chaque jour, je vois clairement mon désir (décrivez
votre demande). Je ressens déjà qu'il est là et je suis
reconnaissant(e) pour la magie qui agit dans ma vie."

Conclusion.

Dans le livre "La Magie de l'Intention", vous avez pu explorer un univers d'opportunités où la magie s'aligne avec l'intention. Cette magie peut créer de puissantes transformations dans la vie de chacun.

Vous avez appris des rituels de protection pour vous préserver de toutes les influences négatives, des rituels pour attirer l'abondance dans tous les domaines, des rituels d'amour, des rituels de guérison, etc.

Chaque page de ce livre est un voyage vers une meilleure version de nous-mêmes.

Vous avez appris les principes primordiaux de la magie, mais également la préparation personnelle avant de pratiquer les rituels et votre responsabilité lorsque vous utilisez la magie.

Vous savez maintenant comment utiliser les bougies, les cristaux, les plantes et tous autres symboles pour vous aider à renforcer vos rituels. Vous connaissez et savez faire la purification de vous-même et de l'espace, ainsi que la protection des lieux.

La relaxation profonde et la gratitude n'ont plus de secret pour vous. Vous avez été initié à une multitude de rituels pour tous les aspects de votre vie.

À travers ce livre, vous avez compris que la magie est bien plus qu'une simple série d'actions, mais plutôt une attitude à adopter au quotidien. C'est une façon de vivre en harmonie avec les forces invisibles qui nous entourent. En maintenant une attitude positive, vous trouverez un équilibre et une harmonie avec votre être.

Ce livre est une aide précieuse pour tous ceux qui cherchent à exploiter le pouvoir de l'intention afin de créer une vie remplie de joie et de succès dans tous les domaines de la vie.

Que vous soyez débutant ou expérimenté, ces pages vous ont proposé des outils, des connaissances et des inspirations pour élever votre pratique et réaliser tous vos désirs les plus profonds.

Souvenez-vous toujours que la magie est en vous, que vous avez le pouvoir de créer votre propre réalité. Ajoutez quotidiennement des rituels dans votre vie. Connectez-vous à votre intention la plus pure et travaillez en harmonie et en respect avec les forces de la nature et de l'univers.

Vous pouvez dès à présent protéger, prospérer et vous épanouir au-delà de vos rêves les plus fous.

Je souhaite que votre chemin soit illuminé par la magie. Que vos intentions se réalisent en se matérialisant et que vous embrassiez pleinement la puissance qui réside en vous.

Bon voyage dans l'univers infini de l'intention !